LES DEUX
VOYAGEURS.

LES DEUX VOYAGEURS.

ALPHABET

DES

DEUX VOYAGEURS,

CONTENANT :

1°. De grosses lettres, et les ba, be, bi, bo, bu, etc.;
2°. Les mots d'une, deux, trois, quatre, cinq, et six syllabes, le tout bien divisé ;
3°. De petites phrases instructives, divisées, pour faciliter les enfants à épeler, le tout en très-gros caractères.

———✶———

DE L'IMPRIMERIE DE C.-F. PATRIS.

A PARIS,

Chez LOCARD et DAVI, Libraires, rue de Seine, faubourg Saint-Germain, n°. 54, et au Palais Royal, galerie de bois, n° 2.6, attenant au Cabinet littéraire.

1818.

(2)

A B C D
E F G H
I J K L
M N O P
Q R S T
U V X Y Z.

a b c d
e f g h
i j k l
m n o p
q r s t
u v x y z.

(4)

A	B	C	D
E	F	G	H
I	J	K	L
M	N	O	P
Q	R	S	T
U	V	X	Y	Z.

---

a	b	c	d	e
f	g	h	i	j
k	l	m	n	o
p	q	r	s	t
u	v	x	y	z.

Les lettres doubles.

æ   œ   fi   ffi
fi   ffi   fl   ffl
ff   ſb   ſl   ſſ
ſt   w.

PONCTUATION.

Apostrophe (') l'orage
Trait d'union (-) porte-feuille
Guillemet («)
Parenthèses ( )
Virgule (,)
Point et virgule (;)
Deux points (:)
Point (.)
Point d'interrogation (?)
Point d'exclamation (!)

Voyelles.

a e i ou y o u

Syllabes.

ba be bi bo bu
ca ce ci co cu
da de di do du
fa fe fi fo fu
ga ge gi go gu
ha he hi ho hu
ja je ji jo ju
ka ke ki ko ku

la	le	li	lo	lu
ma	me	mi	mo	mu
na	ne	ni	no	nu
pa	pe	pi	po	pu
qua	que	qui	quo	qu
ra	re	ri	ro	ru
sa	se	si	so	su
ta	te	ti	to	tu
va	ve	vi	vo	vu
xa	xe	xi	xo	xu
za	ze	zi	zo	zu

ab	eb	ib	ob	ub
ac	ec	ic	oc	uc
ad	ed	id	od	ud
af	ef	if	of	uf
ag	eg	ig	og	ug
ah	eh	ih	oh	uh
ak	ek	ik	ok	uk
al	el	il	ol	ul
am	em	im	om	um
an	en	in	on	un
ap	ep	ip	op	up
aq	eq	iq	oq	uq
ar	ir	er	or	ur
as	es	is	os	us

at	et	it	ot	ut
av	ev	iv	ov	uv
ax	ex	ix	ox	ux
az	ez	iz	oz	uz

bla	ble	bli	blo	blu
bra	bre	bri	bro	bru
cha	che	chi	cho	chu
cla	cle	cli	clo	clu
cra	cre	cri	cro	cru
dra	dre	dri	dro	dru
gla	gle	gli	glo	glu
gna	gne	gni	gno	gnu
gra	gre	gri	gro	gru
pha	phe	phi	pho	phu

pla ple pli plo plu
pra pre pri pro pru
tla tle tli tlo tlu
tra tre tri tro tru

Lettres accentuées.

é   (aigu)
à è ù   (graves)
â ê î ô û   (circonflexes)
ë ï ü   (tréma)
ç   (cédille)

Pâ-té   Mè-re
Le-çon   Mê-me
Maî-tre A-pô-tre
Hé-ro-ï-ne.

*Mots qui n'ont qu'un son,
ou qu'une syllabe.*

Pain	Vin
Chat	Rat
Four	Blé
Mort	Corps
Trop	Moins
Art	Eau
Marc	Veau
Champ	Pré
Vent	Dent
Vert	Rond.

Mots à deux sons, ou *deux syllabes à épeler.*

Pa-pa   Cou-teau
Ma-man Cor-don
Bal-lon Cor-beau
Bal-le   Cha-meau
Bou-le   Tau-reau
Chai-se Moi-neau
Poi-re   Ton-neau
Pom-me Mou-ton
Cou-sin Ver-tu
Gâ-teau Vi-ce

Mots à trois sons, ou trois syllabes à épeler.

Or-phe-lin
Scor-pi-on
Ou-vra-ge
Com-pli-ment
Nou-veau-té
Cou-tu-me
Mou-ve-ment
His-toi-re
Li-ber-té
Li-ma-çon

A-pô-tre
Vo-lail-le
Ci-trouil-le
Mé-moi-re
Car-na-ge
Ins-tru-ment
Su-a-ve
Fram-boi-se
Gui-mau-ve
U-sa-ge

Mots à quatre sons, ou *quatre syllabes à épeler.*

E-ga-le-ment
Phi-lo-so-phe
Pa-ti-en-ce
O-pi-ni-on
Con-clu-si-on
Zo-di-a-que
É-pi-lep-sie
Co-quil-la-ge
Di-a-lo-gue
Eu-cha-ris-tie.

Mots à cinq sons, ou *cinq syllabes à épeler.*

Na-tu-rel-le-ment
Cor-di-a-li-té
Ir-ré-sis-ti-ble
Cou-ra-geu-se-ment

In-con-vé-ni-ent
A-ca-ri-â-tre
In-do-ci-li-té
In-can-des-cen-ce
Ad-mi-ra-ble-ment
Cu-ri-o-si-té
I-ne-xo-ra-ble.

Mots à six sons, ou *six syllabes
à épeler.*

In-con-si-dé-ré-ment
Per-fec-ti-bi-li-té
O-ri-gi-na-li-té
Ma-li-ci-eu-se-ment
As-so-ci-a-ti-on
Va-lé-tu-di-nai-re.

Phrases à épeler.

J'ai-me mon pa-pa.
Je ché-ris ma ma-man.
Mon frè-re est un bon gar-çon.
Ma sœur est bi-en ai-ma-ble.
Mon cou-sin m'a don-né un pe-tit se-rin.
Ma cou-si-ne m'a pro-mis un gâ-teau.
Grand pa-pa doit ap-por-ter un jeu-ne chi-en.
Gran-de ma-man me don-ne-ra pour é-tren-nes un che-val de car-ton.

J'i-rai de-main me pro-me-ner sur les bou-le-varts a-vec mes ca-ma-ra-des.

Thé-o-do-re a un beau cerf vo-lant a-vec le-quel je m'a-mu-se-rai bien.

La mai-son de ma tan-te à Vau-gi-rard est très-jo-lie. Il y a dans la cour un grand jeu de quil-les.

Mon on-cle Tho-mas a a-che-té un pe-tit é-cu-reuil, que je vou-drais bi-en a-voir pour me di-ver-tir.

Di-man-che je n'i-rai pas à l'é-co-le ; mon cou-sin Au-gus-te vi-en-dra me cher-cher pour al-ler à la pro-me-na-de.

Phrases à épeler.

Il n'y a qu'-un seul Di-eu qui gou-ver-ne le ci-el et la ter-re.

Ce Di-eu ré-com-pen-se les bons et pu-nit les mé-chants.

Les en-fants qui ne sont pas o-bé-is-sants, ne sont pas ai-més de Di-eu, ni de leurs pa-pas et ma-mans.

Il faut fai-re l'au-mô-ne aux pau-vres ; car on doit a-voir pi-ti-é de son sem-bla-ble.

Un en-fant ba-bil-lard et rap-por-teur, est tou-jours re-bu-té par tous ses ca-ma-ra-des.

On ai-me les en-fants do-ci-les; on leur don-ne des bon-bons.

Phrases à épeler.

Un en-fant doit ê-tre po-li.

Un en-fant bou-deur est ha-ï de tout le mon-de.

Un en-fant qui est hon-nê-te et qui a bon cœur, est ché-ri de tous ceux qui le con-nais-sent.

Le li-on est le roi des a-ni-maux.

L'ai-gle est le roi des oi-seaux.

Le lys est le roi des fleurs ; la ro-se en est la rei-ne.

L'or est le pre-mier des mé-taux ; il est le plus dur et le plus ra-re.

La ba-lei-ne est le plus gros des pois-sons de la mer.

Le bro-chet est un pois-son vo-ra-ce, qui dé-truit les au-tres pois-sons des ri-viè-res et des é-tangs.

L'hom-me a cinq sens, ou cinq ma-ni-è-res d'a-per-ce-voir ou de sen-tir ce qui l'en-vi-ron-ne.

Il voit a-vec les yeux.

Il en-tend par les o-reil-les.

Il goû-te a-vec la lan-gue.

Il flai-re ou res-pi-re les o-deurs a-vec le nez.

Il tou-che a-vec tout le corps, et prin-ci-pa-le-ment a-vec les mains.

Phrases à épeler.

Les qua-tre é-lé-ments qui com-po-sent no-tre

glo-be, sont : l'air, la ter-re, l'eau et le feu.

Sans air, l'hom-me ne peut res-pi-rer.

Sans la ter-re, l'hom-me ne peut man-ger.

Sans eau, l'hom-me ne peut boi-re.

Sans feu, l'hom-me ne peut se chauf-fer.

La ré-u-ni-on de ces qua-tre é-lé-ments est donc né-ces-saire à l'hom-me pour vi-vre.

C'est l'air a-gi-té qui pro-duit les vents, qui cau-se les o-ra-ges, les tem-pê-tes, et qui est la sour-ce de mil-le phé-no-mè-nes qui ar-ri-vent jour-nel-le-ment dans l'at-mos-phè-re.

C'est la ter-re qui pro-duit tou-tes les subs-tan-ces vé-gé-ta-les dont l'hom-me se nour-rit, ain-si que les a-ni-maux qui la cou-vrent ; c'est au fond de la ter-re qu'on trou-ve le mar-bre, l'or, l'ar-gent, le fer et tous au-tres mé-taux.

LES DEUX VOYAGEURS.

CONTE.

Deux habitans d'une même ville firent société ensemble et se mirent à voyager dans l'intention de négocier de compagnie. Le premier, qui se nommait Finot, avait l'esprit fin, subtil et pénétrant; et le second, qui s'appelait Pigeon, l'avait simple, mais droit et ferme dans ses résolutions. Dans leur route, après avoir marché quelques journées, ils trouvèrent un sac plein de monnaie d'or, dont la somme était si considérable qu'il n'en fallait pas davantage pour faire la fortune de deux marchands aussi médiocres qu'ils l'étaient l'un et l'autre.

LES DEUX VOYAGEURS.

Sur cette bonne rencontre : — Camarade, dit Finot à Pigeon, sans nous fatiguer davantage et sans aller plus loin, je suis d'avis que nous abandonnions le dessein de voyager, que nous nous contentions de la bonne fortune que nous venons de trouver, et que nous retournions chez nous avec ce trésor. Croyez-moi, ne passons pas outre, nous ferons beaucoup plus sagement de rebrousser chemin. Pigeon consentit à ce que Finot voulut, et ils retournèrent sur leurs pas. Lorsqu'ils furent environ à une journée de leur ville : — Puisque notre voyage va finir, dit Pigeon à Finot, et qu'il en sera de même de notre société, partageons ce trésor également entre nous deux, afin que nous jouissions chacun de notre portion, et que nous en

LES DEUX VOYAGEURS.

disposions comme bon nous semblera.

Finot songeait à tromper son compagnon : — Cette proposition de partage, répondit-il, ne convient pas à la durée de notre société dont je m'étais flatté. Sans venir à cette extrémité, il me semble que nous ferions mieux de prendre chacun ce qui peut nous être nécessaire pour le présent, et de cacher le reste en quelque lieu de sûreté, pour le conserver et en prendre de même de temps en temps, afin qu'il nous dure davantage.

Pigeon, qui trouvait bon tout ce que l'on voulait, se laissa tromper par ce discours. Ils tirèrent du sac chacun une portion égale, et ils enterrèrent le reste au pied d'un arbre, à une petite distance de la ville, où ils arrivèrent et se retirèrent chacun chez soi.

LES DEUX VOYAGEURS.

Quelques jours après, Finot, sans en donner avis à Pigeon, part de grand matin et va déterrer le trésor, qu'il emporte pour lui seul. Pigeon n'eut pas le moindre soupçon de la fraude de Finot, et lorsqu'il eut achevé de dépenser, selon ses besoins, la somme qu'il avait eue en partage, il alla trouver Finot : — Mon ami, lui dit-il, allons prendre chacun une autre portion, je n'ai plus rien de la première, et j'ai grand besoin d'argent. Finot dissimulant le vol qu'il avait fait: — Que vous en ayez besoin, répondit-il, ou que vous n'en ayez pas besoin, cela n'importe; allons, partons. Ils partirent ensemble sur-le-champ, et se rendirent au pied de l'arbre; ils fouillent, ils cherchent et ne trouvent rien. Finot eut l'effronterie de prendre Pigeon au collet : — C'est toi, lui dit-il, qui a pris cet or, personne que toi ne savait qu'il fût caché en cet endroit. Pigeon s'écria aussitôt qu'il ne savait ce que c'était, et fit des efforts pour faire quitter prise à Finot ; mais Finot le tint ferme, et le mena par force devant le juge, auquel il fit sa plainte, en demandant justice.

Pigeon nia le fait, jura que c'était une pure calomnie, et qu'il était innocent du vol dont il était accusé. Le juge demanda des preuves à Finot. — Monsieur, répondit-il, je n'ai pas d'autre temoin que l'arbre au pied duquel le trésor a été enterré. Quoiqu'il soit insensible et muet, la confiance que j'ai en la justice de ma cause est si grande, que j'espère néan-

LES DEUX VOYAGEURS.

moins qu'il prendra la parole pour rendre témoignage de la vérité contre ce voleur, qui m'a privé de la part qui m'est due.

Le juge, embarrassé par la hardiesse de l'accusateur, consentit à prendre la peine d'aller entendre le témoignage qu'on lui proposait. Il donna ordre aux parties de se trouver le lendemain au pied de l'arbre, où il se rendrait lui-même. Finot raconta l'affaire à son père, et ne lui déguisa rien, pas même la vilaine action qu'il avait faite. — La confiance que j'ai en vous, ajouta-t-il, m'a fait imaginer de prendre l'arbre pour témoin, et le bon succès en est fondé sur le courage et la hardiesse que vous aurez en cette rencontre. Pour peu que vous vouliez m'aider, non-seulement tout le trésor nous demeurera, mais encore nous aurons la somme à laquelle Pigeon sera condamné, si nous gagnons notre cause; avec cela nous vivrons à notre aise et nous n'aurons besoin de rien le reste de notre vie. Le père, au lieu de reprendre son fils d'une action si noire : — Que faut-il faire, dit-il, afin que la chose réussisse comme tu l'entends? — Mon père, reprit le fils, l'arbre dont il s'agit est creux, deux personnes même peuvent aisément y demeurer sans être vues. Il faut que vous alliez vous y cacher cette nuit, et que demain, lorsque le juge se présentera devant l'arbre, et qu'il le sommera de rendre le témoignage dont il s'agit, vous le rendiez dans les termes convenables, qui marquent que ce n'est pas moi, mais Pigeon qui a enlevé ce trésor.

Quoique le père n'eut pas la conscience fort délicate, il eut néanmoins beaucoup de répugnance à condescendre à ce que son fils exigeait de lui. — Mon fils, lui dit-il, abandonne ce dessein de fraude et de tromperie. Tu peux bien tromper la créature, mais crois-tu que tu tromperas de même le Créateur? Je veux que tu en imposes à notre juge, mais avec quel front en imposeras-tu au juge de tout l'univers? Les fraudes, les finesses et les fourberies retombent toujours sur leurs auteurs, et les couvrent d'ignominie devant tout le monde.

—Mon père, répliqua le fils, ne m'en dites pas davantage, le danger n'est pas si grand que vous le croyez. Il y va de mon honneur de ne pas reculer;

nous n'avons presque rien à risquer, et nous avons à faire un grand profit.

Le vieillard, qui ne voulait pas désobliger son fils, se laissa persuader de participer à son crime. Il abandonna donc tous les bons sentimens où il était d'abord, partit pendant la nuit, et alla se cacher dans le creux de l'arbre.

Le lendemain, au lever du soleil, le juge, accompagné des principaux de la ville, se mit en chemin et arriva au rendez-vous. Il observa les formalités requises, en rapportant en peu de mots l'affirmation de l'accusateur et le désaveu de l'accusé ; après quoi, ayant sommé l'arbre de dire la vérité, aussitôt il entendit cette voix : *c'est Pigeon qui a enlevé le trésor, et frustré Finot de ce qui lui appartenait.*

LES DEUX VOYAGEURS.

Le juge, qui ne s'attendait pas que l'arbre dût parler, parut d'abord étonné ; comme il s'aperçut néanmoins qu'il était creux, il se douta que c'était un homme caché qui avait parlé, et fit voir que la sagesse découvre les secrets les plus cachés. Au lieu de prononcer le jugement que l'on attendait avec impatience, il ordonna que l'on apportât quantité de bois autour de l'arbre, et que l'on y mît le feu. Le vieillard le laissa allumer ; mais la flamme fut si violente, qu'il poussa bientôt de grands cris en demandant quartier. Le juge fit aussitôt écarter le bois allumé ; et le vieillard, qu'on tira de sa niche à demi-grillé, avoua la chose comme elle était, et expira quelques momens après en présence de tout le monde. Le juge déclarant alors Pigeon innocent, condamna Finot à lui rendre ce qui lui appartenait, se contentant d'une sentence si modérée, parce qu'il le crut suffisamment châtié par la mort de son père, et par la honte et l'infamie qui lui restaient.

Les fourberies sont suivies d'une fin très-malheureuse, et le mal que l'on fait à autrui, retombe ordinairement sur son auteur.

FIN DES DEUX VOYAGEURS.

www.ingramcontent.com/pod-product-compliance
Lightning Source LLC
Chambersburg PA
CBHW061016050426
42453CB00009B/1468